De coração para coração

Renata Ross

Ilustrações: Leah Ross

De coração para coração

ASINHA

Preparo de originais: Gabrielle Antunes
Revisão: Luisa Bruno
Diagramação: Daniele Ramos
Capa: Daniele Ramos
Ilustrações: Leah Ross

Catalogação na publicação
Elaborada por Bibliotecária Janaina Ramos – CRB-8/9166

R823d

Ross, Renata

De coração para coração / Renata Ross. – Rio de Janeiro: Ases da Literatura, 2023.

N p., il.; 20 X 20 cm

ISBN 9786552280466

1. Literatura infantil. I. Ross, Renata. II. Título.

CDD 028.5

Índice para catálogo sistemático

1.Literatura infantil

Todos os direitos reservados, no Brasil, países da Europa e Estados Unidos, por
Editora Ases da Literatura
www.asesdaliteratura.pt

A criadora de corações amava seu trabalho.
Criava todos os tipos de corações e vivia feliz com seus coraçõezinhos.

Havia uns bem grandões,
Outros bem pequeninos.

Uns cantavam bem alto,
Outros faziam passinhos.

Uns eram mais velhos
Outros bem novinhos.

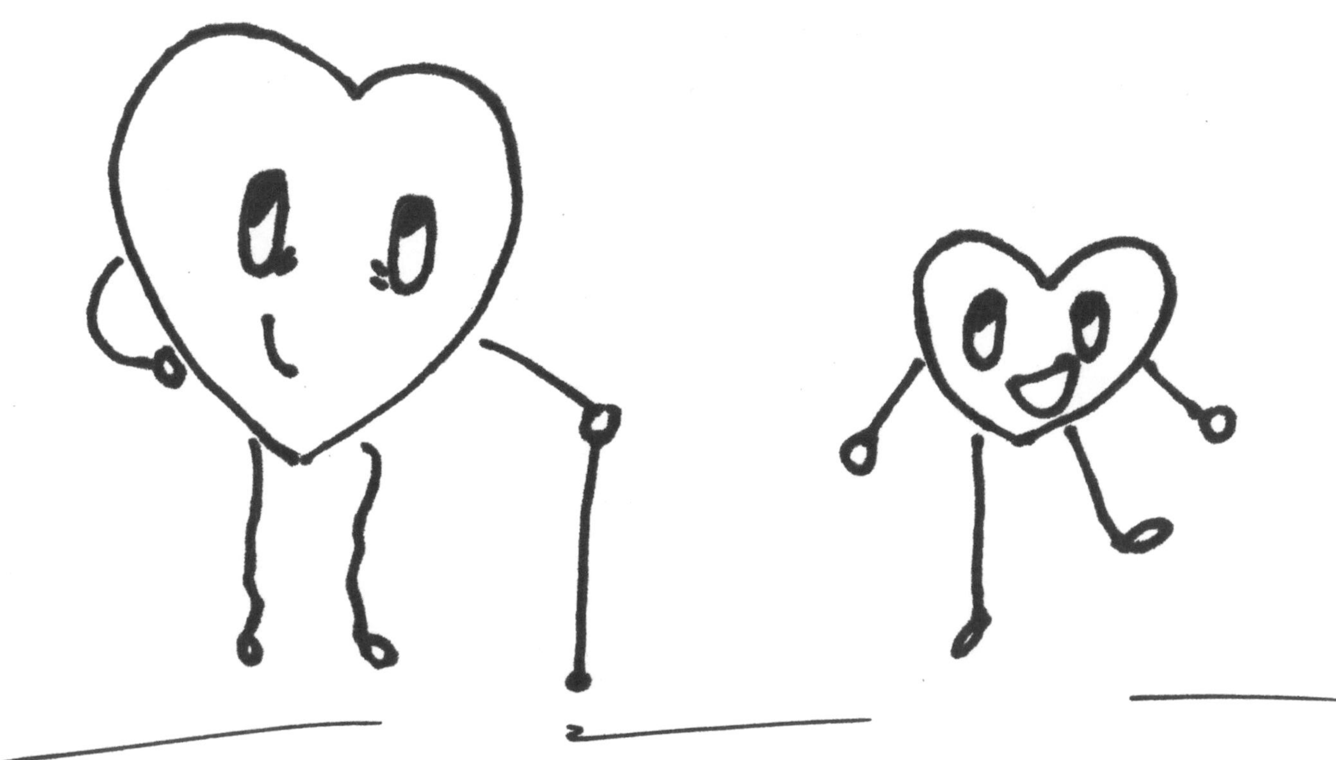

Alguns vinham sem braços...
Mas recebiam vários abraços.

Alguns não conseguiam ver...
Mas eram vistos.

Alguns não falavam...
E nem por isso ficavam sem voz.

E os que não escutavam

Liam várias cartinhas dos outros corações.

Viviam assim, de coração para coração,
Em harmonia.

Um dia, a criadora de corações resolveu inovar...
E criou máquinas que pudessem ajudar ainda mais
corações.

E assim muitos corações começaram a viver conversando, brincando e trabalhando com suas máquinas, cada um com sua própria máquina.

Os corações sem braços recebiam tudo que precisavam,

Mas não tinham mais abraços...

Os corações que não viam conseguiam se locomover para todos os lados,

Mas não eram mais notados...

Os corações que não falavam conseguiam até gritar com megafones,

Mas ninguém queria ouvir tanto barulho...

Os corações que não escutavam, puderam ler tantas informações

Que começaram a cansar suas mentes...

Os corações grandões já não queriam estar com os pequeninos...

Já não havia música ou passinhos...

Até mesmo os corações mais velhos foram deixando de lado os mais novinhos...

E o tempo foi passando e os corações não percebiam mais o quanto se afastavam...

Em algum tempo já não viviam em harmonia.

Toque
um
coração

Quando a criadora de corações percebeu que nem ela era mais querida, se assustou com a transformação.

As máquinas já criavam até as falas e pensamentos dos corações.

Aí ela pensou e pensou...

Até que encontrou uma solução para aquele problema.

É que os corações ainda batiam,

pulsando no mesmo ritmo,

de coração para coração.

Foi então que ela criou um desafio viral: Toque um co-ração!

A cada coração que tocava um coração, sentia que todos eram um mesmo coração.

O desafio foi crescendo, e em pouco tempo eram uma fila de corações que se tocavam e se sentiam...

E eles já não queriam mais se soltar...

Se juntaram tanto, que podiam abraçar todo o mundo.

E foi então que os corações, sentindo os mesmos sentimentos, batendo no mesmo compasso,

Entenderam a linguagem do Amor.

de
coração
para
coração

Agradecimentos

Um agradecimento especial à minha irmã Rafaella Gregorio.

To Joe Hewes, the greatest photographer.

Biografia da Autora

Sou Renata, brasileira vivendo nos Estados Unidos. Mãe de duas crianças maravilhosas. Apaixonada por letras, sons e cores. Arte e natureza me encantam. Sou professora de formação e escritora de coração.

Não deixe de conhecer os outros
livros do selo Asinha em

www.asesdaliteratura.pt

www.ingramcontent.com/pod-product-compliance
Lightning Source LLC
LaVergne TN
LVHW071706180726
843512LV00002B/558